CB072461

São Paulo
a trajetória de uma cidade

A Editora Nobel tem como objetivo publicar obras com qualidade editorial e gráfica, consistência de informações, confiabilidade de tradução, clareza de texto, e impressão, acabamento e papel adequados.
Para que você, nosso leitor, possa expressar suas sugestões, dúvidas, críticas e eventuais reclamações, a Nobel mantém aberto um canal de comunicação.

Entre em contato com:
CENTRAL DE ATENDIMENTO AO CONSUMIDOR
R. Pedroso Alvarenga, 1046 - 9º andar - 04531-004 - São Paulo - SP
Fone: (11) 3706-1466 - Fax: (11) 3706-1462
www.editoranobel.com.br
E-mail: ednobel@editoranobel.com.br

MILTON PARRON

São Paulo
a trajetória de uma cidade
história, imagens e sons

Nobel

© 2003 Milton Parron

Direitos desta edição reservados ao
Grupo Bandeirantes de Comunicação
e à AMPUB Comercial Ltda.
(Nobel é um selo editorial da AMPUB Comercial Ltda.)
Rua Pedroso Alvarenga, 1046 - 9º andar - 04531-004 - São Paulo - SP
Fone: (11) 3706-1466 — Fax: (11) 3706-1462
www.editoranobel.com.br
E-mail: ednobel@editoranobel.com.br

Idealização: Band Music
Direção executiva: Cynthia Helfenstein
Supervisão editorial: Fernando Vieira de Mello
Coordenação: Arnaldo Índio de Oliveira
Revisão de história: Ciro de Moura Ramos
Preparação do texto: Elvira Castañon
Projeto e produção editorial: Vivian Valli
Assistente de produção: Heloisa Avilez
Capa: Joana Saad Duailibi e Vivian Valli
Foto da capa: Luis Veiga / GettyImages
Impressão: Quebecor World São Paulo.
2004

Dados Internacionais de Catalogação na Publicação (CIP)
(Câmara Brasileira do Livro, SP, Brasil)

Parron, Milton
    São Paulo, a trajetória de uma cidade / Milton Parron. — São Paulo : Nobel, 2004.

ISBN 85-213-1259-8

Inclui fotografias.
Inclui CD.

1. São Paulo (SP) – História I. Título.

03-6786   CDD-981.611

Índices para catálogo sistemático:
1. Personalidades : São Paulo : Cidade : História   981.611
2. São Paulo : Cidade : História   981.611

É PROIBIDA A REPRODUÇÃO
Nenhuma parte desta obra poderá ser reproduzida, copiada, transcrita ou mesmo transmitida por meios eletrônicos ou gravações, sem a permissão, por escrito, do editor. Os infratores serão punidos pela Lei nº 9.610/98.

Impresso no Brasil / *Printed in Brazil*

No aniversário de 450 anos de São Paulo, o Grupo Bandeirantes de Comunicação presta uma homenagem a todos os paulistanos: traz dos seus arquivos a memória da cidade. Neste trabalho estão flagrantes de momentos históricos que dão a dimensão da grandeza do nosso povo. Exemplos de coragem e pioneirismo, virtude e marca dos bandeirantes que abriram o primeiro caminho em território paulista.

Vieram os imigrantes, a industrialização e o crescimento econômico, e também o gigantismo e as conseqüências sociais que são hoje nosso grande desafio: como devolver um pouco do clima de vila a todos os bairros do que virou metrópole. Dessa vila que os nossos avós portugueses, sírios, libaneses, japoneses, judeus, italianos, índios, africanos, nordestinos, enfim, que essa amálgama de raças e religiões transformou em uma cidade de todos os brasileiros com vontade de trabalhar, essa cidade que não é somente capital de um Estado brasileiro, mas a de um estado de espírito como poucas no mundo.

A Rádio Bandeirantes nasceu aqui, cresceu aqui, viveu e contou a história do Brasil nos últimos 67 anos. Monteiro Lobato, Getúlio Vargas, Adhemar de Barros, Oswald e Mario de Andrade, entre tantas personalidades, fizeram parte dessa história de 450 anos da qual testemunhamos uma parte. A partir de São Paulo, a Bandeirantes, comprada por meu pai, João Jorge Saad, em 1948, cresceu e se transformou em um grupo de comunicação nacional, cobrindo a totalidade do território brasileiro com emissoras de televisão e rádio.

Meus avós e pais criaram suas famílias aqui, seus descendentes vivem aqui. Nesta cidade estão as maiores colônias árabes, italianas e japonesas fora de seus países de origem. Aqui estão os brasileiros de todas as partes do país tentando progredir, melhorar de vida. Aqui é o berço desta organização da qual tanto nos orgulhamos, como nos orgulhamos desta cidade. Nada mais justo do que fazermos uma homenagem a ela: parte das mais de 5 mil horas que o nosso Centro de Documentação e Memória conserva, com depoimentos que são preciosidades históricas, foi transformada em CD e neste livro.

Oferecemos aos ouvintes, entre outras gravações, Heitor Villa-Lobos falando sobre a Semana de 22; o barítono Titta Ruffo, que encenou *Hamlet* na inauguração do Teatro Municipal; Tancredo Neves, no grande comício das "Diretas Já", em 1984; Riyochi Kodama, que veio no navio Kassato Maru, em 1908, quando da primeira onda de imigrantes para o Brasil; Zélia Gattai, escritora, mulher de Jorge Amado, que passou a infância no bairro do Bexiga.

Assim como o CD, o livro, de autoria de nosso companheiro e responsável pelo Centro de Documentação e Memória, o jornalista Milton Parron, também é um tributo à cidade e aos profissionais que ao longo dos anos contribuíram para a produção e preservação deste acervo que é a história oral de São Paulo e do Brasil.

João Carlos Saad
Presidente do Grupo Bandeirantes de Comunicação

Sumário

Os primeiros séculos de São Paulo 9

Sonho de expansão e riqueza 14

Chegam os imigrantes 18

Industrialização e crescimento 24

São Paulo pega em armas 30

Política e futebol: duas paixões 35

São Paulo não pode parar 42

A vez dos migrantes 56

São Paulo precisa parar 60

São Paulo chora e vibra 69

São Paulo de todos nós 73

Os primeiros séculos de São Paulo

Praça da Sé, 25 de janeiro de 1984. Cerca de 300 mil pessoas clamam pelas eleições diretas. O povo paulistano, ansioso por respirar ares mais brandos depois de vinte anos de ditadura militar, faz daquele aniversário da cidade um evento para ficar na memória, agindo como porta-voz de toda uma nação. A partir daquela data, a campanha pelas diretas ganha as ruas.

Não foi essa, porém, a primeira vez que o povo paulista deu mostras de cidadania ou demonstrou seu inconformismo diante dos rumos do processo histórico. Cinqüenta e dois anos antes, o paulista também saíra às ruas, desta vez de arma em punho, para fazer a Revolução Constitucionalista de 1932.

De onde emanaria, afinal, o fragor que, nessas duas ocasiões, transformou São Paulo em uma locomotiva que produzia não o progresso, coisa que sempre a caracterizou, mas um sonho – o sonho da liberdade?

A explicação talvez resida em um passado ainda mais distante, nos tempos em que o país deixava para trás sua história colonial e se transformava num império. Ou não foi aqui, em 7 de setembro de 1822, que o príncipe D. Pedro I proclamou a Independência do Brasil? A história registrou o fato, e nas escolas todos nós aprendemos que a liberdade do povo brasileiro nasceu às margens do riacho do Ipiranga.

Os rios, fluxos contínuos e irreprimíveis de vida, parecem, aliás, estar ligados a acontecimentos significativos da história não só do Brasil, mas também da cidade

Caio Guatelli/Folha Imagem

Fachada do Pátio do Colégio, local onde Manoel da Nóbrega e José de Anchieta fundaram o povoado de São Paulo de Piratininga em 25 de janeiro de 1554.

de São Paulo. Afinal, foi em um planalto ladeado por dois rios, o Tamanduateí e o Anhangabaú, que São Paulo nasceu, fundada por dois padres da Companhia de Jesus – Manoel da Nóbrega e José de Anchieta – os quais, tendo transposto a Serra do Mar chegaram aos campos de Piratininga, onde encontraram "ares frios e temperados como os de Espanha" e "uma terra mui sadia, fresca e de boas águas".

Cabana próxima ao riacho do Ipiranga, nas margens do qual Dom Pedro I proclamou a Independência do Brasil no dia 7 de setembro de 1822.

A história, em seu apego à objetividade e ao registro preciso dos fatos, tende a ignorar a dimensão psíquica e afetiva presente nos grandes acontecimentos. Não é difícil, entretanto, imaginarmos o misto de emoção e reverência, temor e poder, que deve ter dominado os dois jesuítas naquele distante 25 de janeiro de 1554.

No Pátio do Colégio, eles celebraram uma missa e fundaram um colégio, ao redor do qual se iniciou a construção das primeiras casas de taipa, as quais dariam origem ao povoado de São Paulo de Piratininga, que em 1560 ganharia *status* de vila, com direito a ter um pelourinho, símbolo da autoridade e justiça.

Os colonizadores portugueses, na verdade, já haviam pisado e até fundado uma vila nessas terras – a Vila de Santo André da Borda do Campo, onde vivia João Ramalho, senhor da região de São Vicente, casado com Bartira, filha do cacique Tibiriçá, constantemente ameaçada pelos povos indígenas da região. No século XVI, o território paulista era habitado por diversas nações pertencentes ao grupo tupi-guarani, as mais importantes eram as dos tupiniquins e tupinambás. Algumas tribos estabeleceram boas relações com os portugueses, outras não.

Visando fortalecer a posição dos colonizadores na região o governador geral, Mem de Sá, ordenou que a população da Vila de Santo André da Borda do Campo se transferisse para São Paulo de Piratininga. A cidade que então surgia era cercada por muros de barro socado, um processo conhecido como taipa de pilão, que delimitava o núcleo urbano em meio às plantações e à mata vizinha.

Naquela época, os moradores de São Paulo eram basicamente índios e portugueses. A mistura dessas duas etnias daria origem a um tipo genuinamente paulista: o mameluco. Nem sempre, porém, índios e portugueses mantiveram boas relações. Em 1562, um grande ataque dos tamoios arrasou a aldeia de Pinheiros e quase destruiu São Paulo de Piratininga. Por outro lado, o isolamento de São Paulo em relação aos demais centros de colonização portuguesa dificultava seu desenvolvimento econômico.

No início, os paulistas praticavam uma lavoura de subsistência, substituída mais tarde por uma frustrada tentativa de implantar a cultura canavieira. Por falta de outras perspectivas, passaram a organizar bandeiras, que penetravam no sertão em busca de índios e de minerais preciosos.

Sonho de expansão e riqueza

O filme *O Caçador de Esmeraldas* (1978), de Oswaldo Oliveira, narra a saga do bandeirante Fernão Dias Pais Leme em sua odisséia à procura de pedras preciosas. Durante sete anos, esse legendário bandeirante, partindo sempre de São Paulo, percorreu os sertões do atual Estado de Minas Gerais, das cabeceiras do rio das Velhas até a região de Serro Frio. Embora se prenda mais à lenda, esse filme retrata bem o espírito que movia as expedições paulistas pelo interior brasileiro. As bandeiras traçaram os contornos aproximados do Brasil atual, ampliando o território nacional, mas é inegável que foram responsáveis pelo extermínio de inúmeras nações indígenas.

Durante o século XVII, os bandeirantes trilharam os caminhos indígenas que ligavam São Paulo ao coração do continente, ou navegaram pelos rios que demandavam o sertão, apresando índios para suas próprias lavouras, ou vendendo-os aos senhores-de-engenho do Nordeste ou, ainda, procurando minas de ouro e prata.

Depois de percorrer o Sul, pela Trilha Peabiru, que os jesuítas chamavam São Tomé, as bandeiras avançaram pela região do Guaíra (Oeste do Paraná), onde os índios guaranis eram capturados.

Ao Norte, seguiram pelo rio Paraíba até a garganta do Embaú, na serra da Mantiqueira, passando pelas áreas onde hoje se localizam São João Del Rei, Ouro Preto e Sabará. Ali iriam descobrir ouro, muito ouro, tanto que deram início a um novo período econômico na colônia. A notícia da descoberta do ouro atraiu para Minas Gerais portugueses e aventureiros de todo Brasil, que entraram em choque com os paulistas no episódio conhecido como Guerra dos Emboabas.

Expulsos da região das minas, os bandeirantes organizaram novas expedições, dessa vez em direção ao Centro-Oeste, seguindo pela trilha dos caiapós. Essas bandeiras levaram à descoberta das minas de ouro de Goiás e, ainda mais longe de São Paulo, Cuiabá (início do século XVIII).

O ano de 1681 transformou a Vila de São Paulo em cabeça da capitania, que incluía então um território muito mais vasto que o do atual Estado de São Paulo. Mais significativa, porém, foi a elevação de vila à categoria de cidade, em 1711.

Nesse mesmo ano, a coroa portuguesa desmembrou a capitania, a fim de melhor controlar a região das Minas Gerais. Por isso, no século XVIII, São Paulo pouco se desenvolveu, servindo sobretudo como ponte de passagem para o ouro que vinha do Centro-Oeste e era embarcado para a metrópole.

Nesse período, as bandeiras tradicionais foram substituídas pelas monções – expedições fluviais que abasteciam os Estados de Goiás e Mato Grosso, partindo do rio Tietê, subindo o Paraná e o Paranaíba para, já no Planalto Central, alcançar a bacia do rio Paraguai.

Se alguém, nos tempos atuais, embarcasse em uma máquina do tempo direto para a São Paulo do período colonial, não reconheceria a cidade nem seus habitantes. E também teria dificuldade para se comunicar. Até meados do século XVIII, o número de índios e mamelucos superava e muito o de europeus. Por isso, a maior parte da população falava uma "língua geral", aliás predominante em toda região.

No período de união entre Portugal e Espanha (1580 e 1640) estima-se que o espanhol era a segunda língua da Vila de São Paulo. Após a Independência, os africanos – que começaram a chegar em 1750, trazidos do Congo e de Angola, para substituir a mão-de-obra indígena – representavam algo em torno de 25% da população, enquanto os mulatos eram mais de 40%.

A essa altura, a lavoura canavieira finalmente conseguia prosperar em solo paulistano, no litoral Norte e na região entre Itu e Sorocaba.

A grande virada da economia paulista só aconteceria no início do século XIX, quando as plantações de café começaram a substituir as de cana-de-açúcar, que passaria a ocupar o primeiro plano na economia nacional.

A chegada da família real portuguesa ao Brasil, em 1808, que fugira das tropas de Napoleão, praticamente representou o fim do período colonial. As reformas promovidas por D. João VI, que deveriam adequar o país como sede da monarquia lusa não só criaram condições para a Independência como beneficiaram São Paulo. Aliás a emancipação política do Brasil foi proclamada pelo príncipe D. Pedro I, à entrada de São Paulo, junto ao riacho Ipiranga.

O Museu do Ipiranga era a residência oficial da família real, na capital de São Paulo, no século XIX.

Adquirido em 1824 por D. Maria Domitília de Castro Canto e Mello, a Marquesa de Santos, o Palacete do Carmo, hoje Solar da Marquesa de Santos, era uma das residências mais aristocráticas na São Paulo do século XIX.

À abdicação de Dom Pedro I, em 1831, seguiu-se o conturbado período da Regência. A partir do ano de 1840, porém, com o príncipe Dom Pedro II, haveria um longo período de desenvolvimento e prosperidade, no qual o café se consolidaria como principal produto de exportação.

Foi nessa ocasião que São Paulo passou a assumir uma posição de destaque no cenário nacional. Cafezais, que já ocupavam o território fluminense desde fins do século XVIII, encontraram na terra roxa do chamado oeste paulista o solo ideal. A expansão da cafeicultura exigiu a implantação de estradas de ferro, iniciadas com a construção da Estrada de Ferro Santos a Jundiaí, inaugurada pelo Barão de Mauá em 1867.

Mais tarde, essa ferrovia passaria para o controle inglês com o nome de São Paulo Railway.

Seguiu-se um período de grandes transformações, marcado pela crise do sistema escravista, abolido em 1888. A partir de 1870, a falta de mão-de-obra escrava provocara a chegada maciça de imigrantes europeus, sobretudo italianos.

A Locomotiva Martinha, de 1922: a mais antiga das duas locomotivas Baldwin atualmente realiza passeios no Memorial do Imigrante, em São Paulo.

Chegam os imigrantes

Sem os imigrantes, força motriz da cidade que iniciava seu progresso econômico, São Paulo não seria o que é hoje. A imigração para o Brasil teve início em 1818: quando cerca de dois mil suíços se instalaram nas serras do Rio de Janeiro e fundaram Nova Friburgo.

Os primeiros registros de imigrantes europeus que vieram para São Paulo datam de 1827, com a chegada de alemães que se fixaram nas regiões de Santo Amaro e Itapecerica da Serra.

Em 1836, 180 famílias de italianos se fixaram no Rio Grande do Sul. Naquela época, o objetivo das imigrações era, prioritariamente, ocupar com moradores brancos regiões pouco povoadas.

No decorrer do século XIX, a expansão do capitalismo tornou o trabalho escravo anacrônico e antieconômico. A partir de 1840, as pressões britânicas contra o tráfico negreiro se intensificaram, levando o Brasil a suprimir essa prática em 1850. O conseqüente declínio do escravismo no país coincidiu com a expansão do café pelo oeste paulista e o surgimento da raça branca. Essa combinação de fatores levou o governo brasileiro a intensificar seus esforços para atrair imigrantes europeus.

A Inspetoria Geral de Terras e Colonização, responsável pela imigração no país, autorizou as províncias a estabelecerem suas próprias políticas para atrair imigrantes. Em 1886, foi criada a primeira associação para incentivar a vinda de famílias européias para São Paulo. Vieram, principalmente italianos, portugueses e espanhóis, que eram temporariamente abrigados na Hospedaria do Imigrante (hoje, Museu da Imigração), construída no Brás, em 1887, e que podia hospedar até 4 mil pessoas.

Muitos imigrantes preferiram fixar-se na cidade de São Paulo devido às precárias condições de vida nos cafezais. Aliás, como capital, era natural que São Paulo acabasse se tornando um pólo de atração para os recém-chegados. Assim, do início do século XIX até 1890 a população da cidade cresceu de 20 mil para 65 mil habitantes.

A presença de imigrantes em São Paulo foi fundamental para o desenvolvimento da cidade e pela diversificação dos serviços e produtos comercializados. Os portugueses se especializaram no setor de secos e molhados. Os italianos se destacaram no setor de calçados. Os espanhóis dedicaram-se ao comércio de ferragens e funilaria. Alemães e franceses importavam tecidos e também eram padeiros, confeiteiros e curtidores de couro. Os ambulantes – chamados de mascates – eram em sua maioria imigrantes sírio-libaneses que vendiam chapéus, roupas, relógios, jóias, guarda-chuvas, entre outros produtos.

A contribuição dos imigrantes também foi vital para o desenvolvimento artístico de São Paulo, com a difusão do canto lírico e da música clássica pelos italianos e alemães. Além disso, alguns dos principais clubes esportivos da cidade, como o Paulistano, o Palmeiras, o Juventus, o Espéria e o Monte Líbano foram fundados por imigrantes.

Desde fins do século XIX, os imigrantes procuraram fundar escolas em que fossem ensinadas suas línguas e culturas. Professores brasileiros incumbiam-se de ensinar a língua portuguesa e a história do Brasil. Muitos desses institutos serviram de modelo para o ensino básico no Brasil.

São Paulo prosperou. A cidade passou por uma reforma urbanística, resultado da necessidade de transformar uma cidade acanhada em capital da nova elite econômica. Na década de 1860, São Paulo já era bem diferente do que fora no período colonial, os primeiros lampiões de rua queimavam óleo de mamona ou de baleia, e a cidade contava com um parque público, o Jardim da Luz, que passaria por extensas reformas no final do século. Ao mesmo tempo em que a cidade se expandia em todas as direções, consolidava-se um núcleo urbano moderno em torno de alguns marcos simbólicos, como a Estação da São Paulo Railway e o próprio Jardim da Luz, que ficava defronte à estação.

Acervo DPH/SMC-SP

A Hospedaria do Imigrante foi construída no bairro do Brás, no ano de 1887, para abrigar italianos, espanhóis, portugueses, e todos os imigrantes que desembarcavam em São Paulo. Hoje o prédio abriga o Museu da Imigração.

Surgiram bairros residenciais de elite: Campos Elíseos, com seus bulevares ao estilo parisiense; Higienópolis, com a salubridade de suas ruas intensamente arborizadas; e mais ao longe, a Avenida Paulista, com os palacetes de fazendeiros quatrocentões e de imigrantes enriquecidos.

Havia também os bairros populares, onde viviam os operários – em grande parte italianos. Eram os bairros do Brás, Bexiga (depois Bela Vista), Barra Funda e Bom Retiro, entre outros. O Brás desenvolveu-se junto à Estação do Norte (atual Estação Roosevelt), onde terminava a Estrada de Ferro Central do Brasil. A Barra Funda alongava-se junto aos trilhos da São Paulo Railway. Já o Bom Retiro cresceu nas proximidades das estações da Sorocabana e da São Paulo Railway.

Multiplicaram-se também os edifícios públicos: Assembléia Estadual, Câmara Municipal, fórum, algumas escolas, quartéis, cadeias, abrigos para crianças desamparadas. Dezenas de igrejas, conventos e mosteiros, muitos construídos ainda nos tempos coloniais, intercalavam-se com os novos prédios.

Na área cultural, artistas de circo, atores de teatro, poetas e cantores começaram a consolidar seu espaço na cidade.

A Estação da Luz era o principal ponto de chegada de imigrantes e migrantes à capital de São Paulo.

Quando a Avenida Paulista – a mais paulista das avenidas – surgiu, em 1891, a população de São Paulo não passava de cem mil habitantes. Pela imponente via, aberta na parte mais alta da área urbana, circulavam bondes puxados a burros.

Uma larga faixa central, ajardinada, completava o cenário da avenida, e para aumentar o encanto da grande avenida, muito contribuiu a criação do Parque

Siqueira Campos (mais conhecido como Trianon). O autor do projeto, o urbanista inglês Barry Parker, ligado à Companhia City, também criou bairros nobres como os Jardins e o Pacaembu, nos anos 1940. Além da área verde, o parque contava com um belvedere, concebido pelo paisagista francês Paul Villon e implantado pelo arquiteto brasileiro Ramos de Azevedo.

A Avenida Paulista já nasceu imponente. Em 1915, 24 anos após sua criação ostentava casarões de importantes famílias e calçadas arborizadas.

Desde o período colonial, São Paulo era administrada pela Câmara Municipal, instituição que reunia as funções legislativa, executiva e judiciária. Essa multiplicidade de atribuições, somada ao caráter coletivo da autoridade dos vereadores (o que diluía as responsabilidades e dificultava a execução dos projetos), levou a Assembléia Estadual, em 29 de novembro de 1898, entregar o Executivo Municipal a um mandatário específico: o prefeito. O primeiro prefeito da cidade foi o conselheiro Antônio da Silva Prado.

Industrialização e crescimento

Quando os primeiros imigrantes japoneses chegaram ao Brasil, São Paulo, impulsionada pela economia cafeeira, estava em franca expansão. Os japoneses vieram no Kassato Maru, que aportou em Santos em 18 de junho de 1908. A bordo, 165 famílias, enviadas para as fazendas de café, no interior do Estado. Um dos recém-chegados era Riyochi Kodama, o único a viajar sozinho e que faleceu em Presidente Prudente, no interior do Estado de São Paulo, em 18 de setembro de 1989.

A partir dessa data, a imigração japonesa não parou de crescer. Entre 1910 e 1914, chegaram do País do Sol Nascente cerca de 14,2 mil pessoas, e foram criadas dezenas de comunidades japonesas. O pico do fluxo aconteceu entre 1925 e 1935, quando mais de 140 mil japoneses se fixaram aqui em busca de uma nova vida.

A fisionomia da cidade se alterava. Na passagem para o século XX, os paulistanos começaram a contar com os bondes elétricos. A primeira linha projetada foi a da Penha, em 5 de julho de 1899. No entanto, a primeira a ser inaugurada – em 7 de maio de 1900 – ligava o Largo de São Bento ao bairro da Barra Funda, com o primeiro bonde do novo modelo circulando adornado com a bandeira nacional.

São Paulo foi a quarta cidade no Brasil, depois de Rio de Janeiro, Salvador e Manaus, a contar com veículos de tração elétrica. Em 1905 existiam cinco bondes com tração animal, ligando a margem direita do rio Tietê ao bairro de Santana.

Naquele tempo, a Rua Voluntários da Pátria assemelhava-se mais a uma estrada da roça do que a uma rua da capital. Só em 1908 o bonde elétrico chegaria ao bairro de Santana. Quem retratou com perfeição esse período, em que o lampião a gás convivia com a luz elétrica, foi a compositora Zica Bergami, na letra da hoje clássica *Lampião de Gás* (1956). Nessa nostálgica canção, ela evoca a São Paulo de outrora, e cita até mesmo personagens de uma publicação famosa na época, a revista infantil *O Tico-Tico*.

Na verdade, os bondes elétricos só foram viabilizados porque a incipiente industrialização exigia que a cidade melhorasse sua infra-estrutura. Um grande problema era o da geração de energia. Em 1900, fora inaugurada a Light, empresa canadense, responsável por esse setor na cidade até 1970. Com isso, São Paulo passou a ter uma significativa capacidade de geração de energia, o que foi decisivo para o grande desenvolvimento industrial verificado entre 1930 e 1940.

Em 1911, a capital paulista ganhava o Teatro Municipal, projetado pelo arquiteto Ramos de Azevedo. A inauguração contou com a então mundialmente famosa companhia do tenor italiano Titta Ruffo, encenando *Hamlet*, de Shakespeare.

A cidade viu a industrialização se acelerar durante a Primeira Guerra Mundial (1914 a 1918), quando caíram dramaticamente as exportações dos países desenvolvidos para o Brasil. Nos anos que se seguiram ao grande conflito, São Paulo atraiu um grande número de imigrantes.

Nem tudo, porém, era motivo para regozijo. O aumento da população e das riquezas foi acompanhado pela degradação das condições de vida dos operários, que sofriam com salários baixos, jornadas de trabalho longas e doenças, como a gripe espanhola, que em 1918 dizimou oito mil pessoas em quatro dias.

Os operários, organizados em associações, não reconhecidas pelo governo, promoviam greves, como a de 1917, que envolveu cerca de vinte mil trabalhadores e paralisou a cidade por muitos dias.

No mesmo ano, o governo e os industriais inauguraram a "Exposição de São Paulo", no suntuoso Palácio das Indústrias, especialmente construído para esse fim. O clima de otimismo reinante em São Paulo motivou o prefeito daquela época, Washington Luís, que exagerou ao afirmar: "A cidade é, hoje, alguma coisa como Chicago e Manchester juntas".

Em 1911, São Paulo ganhava um presente: o Teatro Municipal, obra do arquiteto Ramos de Azevedo, que foi inaugurado com a apresentação do famoso tenor italiano Titta Ruffo.

A década de 1920, que testemunhou a chegada dos primeiros imigrantes armênios a São Paulo, deu também um novo impulso à industrialização e ao crescimento da cidade. Em 1920, a capital possuía 580 mil habitantes.

A elite paulistana, apesar das crises cíclicas em relação às exportações de café, comparecia a concertos, freqüentava salões de dança, assistia a partidas de futebol e a acrobacias de aeroplanos.

A aviação, que ensaiava seus primeiros passos – ou melhor, seus primeiros vôos – era algo tão distante dos comuns mortais que os pilotos eram vistos quase como semideuses.

Por ser um esporte praticado exclusivamente por jovens varões, que adoravam impressionar, deve ter causado muita surpresa a incorporação da mulher a esse universo masculino. A primeira brasileira a desafiar os preconceitos e obter o brevê de piloto foi Teresa Marzo, em 1919.

Um passatempo bem mais democrático, era freqüentar os bailes a fantasia durante o Carnaval. Os festejos de Momo ganhavam destaque especial na Avenida Paulista, onde se realizavam os corsos – desfiles de automóveis, na maioria conversíveis, em que os jovens das famílias ricas brincavam com serpentina e lança-perfume, e cantavam músicas carnavalescas.

Zélia Gattai, que se tornaria esposa de Jorge Amado e era, na ocasião, uma humilde menina do Bexiga, conta que costumava ir à Paulista para assistir o corso.

As corridas automobilísticas também atraíam a elite paulistana. A primeira a ser realizada em São Paulo (aliás, a primeira da América do Sul) ocorreu em 26 de julho de 1908.

O automóvel, que décadas mais tarde se tornaria um dos principais esteios da economia paulista, chegara ao Brasil em novembro de 1891, adquirido pela família de Alberto Santos Dumont, o futuro "Pai da Aviação". Em 1904 os automóveis já eram registrados na Inspetoria de Veículos, e eram o sonho de consumo da fina flor da sociedade paulistana, como Antônio Prado Júnior, Ermelino Matarazzo e Ramos de Azevedo.

Como, no mundo dos negócios, uma coisa leva a outra, a Ford não quis perder tempo e decidiu trazer a empresa ao Brasil, instalando a primeira linha de montagem na Rua Florêncio de Abreu.

Em 1925, a General Motors abriu sua fábrica no bairro do Ipiranga. Meses depois, circulava em São Paulo o primeiro Chevrolet. Mais dois anos, e a companhia iniciava a construção da fábrica em São Caetano do Sul.

A essa altura, o som das buzinas e o barulho dos motores já eram familiares ao paulistano. Os primeiros comerciais do rádio, surgidos na década de 1930, mitificavam a figura do chofer, como se dizia na época. Paralelamente, as estradas de rodagem começavam a cortar o Estado em todas as direções.

Em uma época de grandes transformações nada mais natural que tanta efervescência respingasse sobre a cultura. Nem São Paulo, nem as artes brasileiras voltariam a ser as mesmas depois dos dias 13, 15 e 17 de fevereiro de 1922. Em pleno palco do Teatro Municipal, nesses três dias esteve reunido um grupo de artistas e intelectuais em torno do que se poderia chamar "Manifesto do Modernismo". Vaias e insultos marcaram esse lançamento, que pretendia colocar a cultura brasileira a par das correntes de vanguarda do pensamento europeu, ao mesmo tempo em que pregava a tomada de consciência da realidade brasileira.

Esse movimento foi organizado por intelectuais, escritores e pintores: Mário de Andrade, Oswald de Andrade, Di Cavalcanti, Graça Aranha, Menotti Del Picchia, Manuel Bandeira e Tarsila do Amaral entre outros. O compositor Heitor Villa-Lobos também teve destacada participação. A ruptura provocada pela Semana de Arte Moderna acabou por deixar marcas profundas, e influenciou a produção literária de escritores como Carlos Drummond de Andrade, Pedro Nava, Mário Quintana e Pedro Vergara, apenas para citar alguns. Ao mesmo tempo, o movimento revelou quanto São Paulo, fruto da economia cafeeira e do industrialismo, estava afinada, espiritual e tecnicamente, com a atualidade do mundo, inclusive no plano intelectual.

Símbolo de um tempo em que a cidade era tida como a locomotiva do Brasil, o Edifício Martinelli, cuja construção foi iniciada em 1922, marcou o começo da verticalização de São Paulo, seguindo a tendência norte-americana que via os arranha-céus como símbolos de progresso.

Se progresso significava realização arquitetônica, o Martinelli era seu ápice. Projetado para ser o prédio mais alto da cidade, foi idealizado por Giuseppe Martinelli, imigrante italiano que começara a vida no Brasil com um açougue e enriquecera com uma companhia de transportes marítimos. O sonho de levantar um prédio que fosse, ao mesmo tempo,

O Edifício Martinelli foi idealizado pelo imigrante italiano Giuseppe Martinelli. Construído em 1929, com 105 metros de altura, era o edifício mais alto de São Paulo naquela época.

João Caldas/Folha Imagem

um monumento à vitória dos imigrantes no país e um marco na cidade, tornou-se realidade somente em 1929, quando ficou pronto. Com seus 105 metros de altura, durante muito tempo reinou absoluto como emblema da pujança paulistana, e só perderia a posição de prédio mais alto da cidade dez anos mais tarde, quando da construção do edifício-sede do Banespa, com 161 metros de altura.

Vista aérea do Prédio do Banespa: em 1939, com 161 metros de altura, esse edifício tirou o lugar do Martinelli, passando a ostentar o título de prédio mais alto da cidade de São Paulo.

São Paulo pega em armas

A década de 1920 começou nervosa no cenário político nacional, com a eclosão do tenentismo, movimento político-militar que pretendia conquistar o poder pela luta armada, e fazer reformas na República Velha. Era liderado por jovens oficiais do Exército, que queriam a moralização da administração pública e o fim da corrupção eleitoral. Eles pregavam a instituição do voto secreto e a criação de uma justiça eleitoral honesta; defendiam o nacionalismo econômico e desejavam uma reforma na educação pública, para que o ensino fosse gratuito e obrigatório para todos os brasileiros. Além disso, desiludidos com os políticos civis, os tenentes exigiam maior participação dos militares na vida pública.

A maioria das propostas do tenentismo contava com a simpatia de grande parte da classe média urbana, dos produtores rurais, que não pertenciam à oligarquia dominante, e de alguns empresários da indústria.

A primeira revolta tenentista foi o episódio Dezoito do Forte, que explodiu no dia 5 de julho de 1922, no Rio de Janeiro.

Dois anos depois, em São Paulo, também num dia 5 de julho, ocorria nova rebelião. Unidades do Exército e da Força Pública, comandadas pelo general Isidoro Dias Lopes e pelos capitães e tenentes Miguel Costa, Siqueira Campos, Joaquim e Juarez Távora, atacaram a sede do governo, forçando a fuga do governador e ocupando a cidade por 22 dias. Não contavam, porém, com a reação do governo federal, cujas tropas cercaram e bombardearam a capital paulista. Os rebeldes – mais ou menos mil homens – se retiraram no dia 27 de julho. Rumando para o interior, cruzaram o norte do Paraná e em abril de 1925, na altura de Foz do Iguaçu, juntaram-se a uma unidade de revolucionários comandados pelo capitão Luís Carlos Prestes, vindos do Rio Grande do Sul. As duas forças tenentistas decidiram percorrer o interior do Brasil, num esforço para levantar o povo contra o governo. Nascia, assim, a Coluna Prestes, mas isso já é outra história. Para nós, o que interessa é que, alguns anos depois, em conseqüência da instabilidade política que assolava o país, São Paulo estaria envolvida em outro conflito.

Em meados da década de 1930, a capital atingia seu primeiro milhão de habitantes e já era reconhecida como o maior parque industrial do país. De fato, a crise do café, fruto da quebra da Bolsa de Nova York, teve o efeito de acelerar o processo de industrialização paulista. No campo político, a Revolução de 1930 alterou a correlação das forças que até então haviam sustentado a República Velha, pondo fim ao predomínio de São Paulo e Minas Gerais. Ao eliminar a liderança da oligarquia cafeeira, o movimento que levou Getúlio Vargas ao poder trouxe para o primeiro plano outros Estados da Federação, tendo à frente o Rio Grande do Sul. A oligarquia paulista, descontente com a situação, promoveu, contra a Revolução 1930 e a ditadura de Vargas, a Revolta Constitucionalista de 1932, numa tentativa de forçar a convocação de uma Assembléia Nacional Constituinte.

Transformada em praça de guerra, a cidade se armou. O cenário era de belicosa agitação: voluntários se inscreviam para combater por São Paulo, eram formuladas estratégias de combate e se arrecadavam contribuições da população, que se orgulhava de pertencer a uma "terra de gigantes".

A revolução explodiu no dia 9 de julho de 1932, durou três meses e deixou mártires. Com efeito, o episódio que praticamente deu origem ao movimento teve início na noite de 23 de maio de 1932, quando uma multidão de populares procedente dos Campos Elíseos dirigiu-se para a sede do Partido Popular Paulista (PPP), favorável a Getúlio Vargas, na Praça da República. Os governistas resistiram. Como os manifestantes não conseguiam entrar, trouxeram duas escadas para tentar penetrar pelas janelas. Um jovem subiu e foi atingido por um tiro. Outros disparos resultaram em um total de cinco mortos: Martins, Miragaia, Dráusio, Camargo e Alvarenga, este falecido meses depois.

Acervo DPH/SMC-SP

Nessa foto tirada em 1898, à direita vê-se o mercado, às margens do rio Tamanduateí, que formava vários braços na várzea do Carmo (esse prédio era conhecido como Mercado dos Caipiras). Na década de 1930, o escritório do arquiteto Ramos de Azevedo executou um novo projeto para o mercado, que durante a construção serviu de quartel-general da Revolução de 1932.

No dia seguinte ao tumulto, foi fundado o MMDC (iniciais dos nomes dos mortos), uma organização que passaria a atuar na clandestinidade, exercendo importante papel na preparação da revolução paulista.

A Revolução de 1932 mobilizou toda a sociedade civil e até mesmo a igreja teve participação ativa. Foi com esse espírito que D. Duarte Leopoldo e Silva, arcebispo de São Paulo, deixou a moderação de lado e trocou o púlpito pelos microfones das rádios, para exortar o povo paulista a defender seus ideais.

Durante a revolução de 1932, o jornal Folha da Manhã enviou fotógrafos para uma frente de batalha, para registrar a ação dos soldados constitucionalistas.

São Paulo foi derrotada; mas não podia baixar a cabeça nem parar, apesar do desalento que, momentaneamente, tomou conta de sua população. O preço a pagar foi sua quase eliminação do cenário político nacional, o que coincidiu, no entanto, com o florescimento de instituições científicas e educacionais. Em 1933, foi criada a Escola Livre de Sociologia e Política, destinada a formar técnicos para a administração pública; em 1934, Armando de Sales Oliveira, interventor no Estado, inaugurou a Universidade de São Paulo; em 1935, o município ganhou, na gestão do prefeito Fábio Prado, seu Departamento de Cultura e Recreação.

Política e futebol: duas paixões

Enquanto a Segunda Guerra Mundial (1939-1945) infernizava a Europa, a população da cidade chegava a 1.326.261 pessoas em 1940. Para esse número, contribuiu significativamente a participação do saldo migratório, que respondeu por 72% do crescimento populacional da cidade. São Paulo entrava em um processo de crescimento acelerado, espalhando seus negócios pela periferia, ligando bolsões isolados e preenchendo os vazios internos com uma ocupação descontrolada e especulativa.

Para fazer frente à nova realidade, o prefeito Francisco Prestes Maia (1938-1945; 1961-1965) colocou em prática seu "Plano de Avenidas", que previa amplos investimentos no sistema viário. Elaborado em 1930, o "Estudo de um plano de avenidas para a cidade de São Paulo", estabelecia uma completa remodelação do centro urbano, com a abertura de avenidas de 35 a 50 metros de largura.

Ao planejar a construção de viadutos, a perfuração de túneis, o alargamento de avenidas e praças, e a demolição de cortiços e prédios antigos, era pretensão desse prefeito dar uma nova fisionomia para São Paulo, transformando-a em uma verdadeira metrópole.

Tal plano, por muitos considerado visionário, começou a ser materializado na década de 1940. Durante sete anos, a cidade se transformou em um imenso canteiro de obras. Prestes Maia terminou o Viaduto do Chá e a Avenida 9 de Julho, com seus viadutos e túneis; prolongou a avenida São João, e transformou em avenidas as ruas

Folha Imagem

Vista do Viaduto Santa Ifigênia, projetado pelos arquitetos italianos Giulio Micheli e Giuseppe Chiappori, foi construído entre 1911 e 1913 com estrutura metálica importada da Bélgica.

Ipiranga e São Luís; abriu as avenidas Duque de Caxias, Anhangabaú, Liberdade, Vieira de Carvalho e Senador Queirós, além de construir o edifício da Biblioteca Mário de Andrade.

A primeira loja da Livraria Nobel foi fundada por Cláudio Milano, um imigrante italiano, no ano de 1943, em um endereço bastante privilegiado: Rua da Consolação, em frente à Biblioteca Mário de Andrade.

Foi também nessa gestão que o Estádio Municipal do Pacaembu foi inaugurado, em dia 27 de abril de 1940. Era considerado o maior e mais moderno estádio da América do Sul, com capacidade para acolher 70 mil espectadores. Pompa e circunstância marcaram a inauguração, à qual, além de Prestes Maia, compareceram o então presidente da República, Getúlio Vargas, e o interventor Adhemar de Barros. No dia seguinte, aconteceu a primeira partida de futebol, entre as equipes do Palestra Itália (atual Palmeiras) e do Coritiba. O Palestra venceu por 6 a 2, mas o primeiro gol, marcado logo aos dois minutos do primeiro tempo, foi de Zequinha, do Coritiba. Aquele foi um dia de rodada dupla: na segunda partida, o Corinthians venceu o Atlético Mineiro por 4 a 2.

Os torcedores daquela época tiveram oportunidade de se encantar com as proezas do "Diamante Negro" Leônidas da Silva – na opinião de muitos cronistas esportivos, um dos maiores jogadores brasileiros de todos os tempos. Famoso pelas bicicletas, que lhe valeram o apelido de "Homem de Borracha", Leônidas comandou o São Paulo na conquista de nada menos do que cinco títulos paulistas. Na época, o São Paulo pagou rios de dinheiro para ter o craque, que se tornara famoso atuando pelo Flamengo. Além de Leônidas, o Estádio do Pacaembu testemunhou a genialidade de Pelé, não só fazendo, mas (incrível!) também evitando gols, pois houve um dia em que ele atuou como goleiro, devido a uma contusão do titular (naquela época não se podia fazer substituições durante o jogo).

O Estádio Pacaembu, no entanto, não era apenas um santuário do futebol. Em muitas ocasiões, serviu de sede para um tema não menos arrebatador para o brasileiro: a política. Foi lá que o brigadeiro Eduardo Gomes, em 1945, fez história por ter sido o primeiro a pronunciar um discurso como candidato à presidência da República.

Na época, não havia televisão. Os divertimentos de massa, além do rádio, eram cinema e circo. Não é de surpreender, portanto, que os comícios constituíssem um programa familiar, sobretudo em época de eleições, quando as paixões por este ou aquele candidato se inflamavam, chegando ao exagero de figurar nas páginas policiais dos jornais.

Os políticos, figuras populares, como são hoje os artistas ou jogadores de futebol, atraíam muita gente em suas apresentações públicas. Adhemar de Barros, que os próprios adversários reconheciam como detentor de um grande carisma, era garantia de praça lotada. Em seu comício de encerramento da campanha para governador, em janeiro de 1947, reuniu quase um milhão de pessoas no Vale do Anhangabaú, para onde afluiu gente de todos os bairros da cidade

Os momentos mais significativos da vida da cidade, fossem nos estádios de futebol ou nos comícios em praça pública, podiam contar com um fiel aliado: a rádio, que havia surgido no dia-a-dia do brasileiro em 7 de setembro de 1922. A voz

Solenidade de inauguração do Estádio Paulo Machado de Carvalho -- Estádio do Pacaembu. A concha acústica ao fundo foi demolida para dar lugar a um tobogã.

que todos ouviram naquela ocasião foi a do presidente Epitácio Pessoa, que discursou no Rio de Janeiro, comemorando o Centenário da Independência. Começava a Era do Rádio, que dominaria os lares brasileiros. No início dos anos 1930, o Brasil já tinha 29 emissoras, que transmitiam óperas, músicas, radionovelas e textos instrutivos.

Durante a Segunda Grande Guerra, o noticiário de rádio ganhou seu formato característico: textos curtos e objetivos, focados na essência da informação.

O escritor paulista José Bento Monteiro Lobato (1882-1948) falou somente duas vezes para uma rádio em toda a vida. A última, às vésperas de sua morte, foi uma entrevista concedida ao radialista Murilo Antunes Alves. Monteiro Lobato, cuja importância como escritor, sobretudo para a literatura infantil, é reconhecida por todos, causou surpresa ao confessar não ter apego pelos personagens que criara. Pai literário de Emília, Narizinho, Dona Benta, Visconde de Sabugosa, e de tantos outros que ainda hoje povoam o universo infantil, o escritor teve seu último pronunciamento público preservado graças à prodigiosa memória da rádio.

Foi na gestão do prefeito Prestes Maia que se inaugurou, em 12 de maio de 1940, o Autódromo de Interlagos, cujo idealizador foi o engenheiro Louis Romero Sanson. Este estudou autódromos de sua época (Brooklands, na Inglaterra; Tripolli, na Itália; Roosevelt Raceway e Indianapolis, nos Estados Unidos, e Monthony, na França), para aproveitar as inovações na pista de alta velocidade de Interlagos.

A primeira corrida disputada no novo autódromo foi o "Grande Prêmio de São Paulo", conquistado por Artur Nascimento Júnior, que completou as 25 voltas da prova em 1h46min44s, a bordo de um Alfa Romeo 3.500. O segundo lugar coube a Francisco Landi, um dos maiores nomes do automobilismo brasileiro, que pilotava um Maserati 3.000.

São Paulo não pode parar

A primeira emissora de televisão do Brasil, a PRF-3 TV Tupi de São Paulo, do jornalista paraibano Assis Chateaubriand, nascia a 18 de dezembro de 1950.

Os estúdios, dizem os registros da época, eram pequenos e o equipamento, precário; mas o nascimento da TV Tupi foi solene. A cerimônia contou com a participação do frade e cantor mexicano, José Mojica, que entoou *A Canção da TV*, hino composto para a ocasião. Depois da apresentação de um número de balé e da poetisa Rosalina Coelho Lisboa, nomeada madrinha do "moderno equipamento", foi a vez da jovem atriz Yara Lins, especialmente convocada para dizer o prefixo da emissora e das rádios que transmitiam em cadeia o acontecimento. A seguir, entrou a programação, na tela dos cinco aparelhos instalados no saguão do prédio dos Diários Associados. Começava a era da televisão no Brasil.

Acostumados à improvisação e à rapidez do rádio, os pioneiros da televisão se adaptaram com certa facilidade ao novo veículo e aprenderam muito: ator virava sonoplasta, autor dirigia, diretor entrava em cena. A TV Tupi dos primeiros anos era uma escola. E o público era presenteado com uma grande variedade de atrações.

O programa "TV de Vanguarda" fez história, tendo revelado a primeira geração de atores, atrizes e diretores de televisão. A telinha adaptou clássicos de Shakespeare, como *Hamlet*, e de Dostoievsky, *Crime e Castigo*. Alguns programas dos primeiros tempos não só se tornaram campeões de audiência como permaneceram durante muito tempo no ar: "Alô Doçura", "Sítio do Pica-Pau Amarelo", "O Céu é o Limite" e "Clube dos Artistas"(1952-1980).

As telenovelas foram invenção da Tupi. Exibidas em capítulos semanais, não tardaram a cair no gosto do público, que presenciava, em 1951, o primeiro beijo na televisão, do galã Walter Forster em Vida Alves, quando protagonizaram a novela "Tua Vida Me Pertence".

No telejornalismo, o grande sucesso era o "Repórter Esso" (18 anos no ar), que a Tupi foi buscar na rádio. Os locutores, Heron Domingues e Gontijo Teodoro, entravam com as últimas notícias nacionais e internacionais ao som de um dos mais famosos prefixos musicais da história da rádio e televisão brasileiras.

A inauguração da TV Tupi marcou o início de uma década de euforia para São Paulo, que iria comemorar seu quarto centenário em 1954. No final da década anterior, a cidade ganhara dois grandes museus: o Museu de Arte de São Paulo (o MASP, como instituição, foi fundado em 1947, e a nova sede, inaugurada em 1968) e o Museu de Arte Moderna (MAM, fundado no ano seguinte). Ambos foram fruto da iniciativa de setores emergentes da sociedade paulistana, que desejavam colocar-se como representantes de um projeto modernizador, compatível com o crescente parque industrial de São Paulo.

Criado por Assis Chateaubriand, o MASP deve muito à preciosa colaboração do galerista italiano Pietro Maria Bardi. Foi este que, associado a Chateaubriand, deu início à montagem de um dos mais importantes acervos de artes plásticas da América Latina. Não bastasse isso, Bardi deu à instituição um caráter bastante dinâmico, desenvolvendo atividades didáticas nas áreas de história da arte, publicidade e *design*.

O Museu de Arte Moderna, diferente do MASP, contou desde o início com a participação de representantes de todas as áreas das artes e da cultura, que traçaram o perfil e a política de aquisição e de formação de seu acervo. O MAM foi uma criação de Francisco Matarazzo Sobrinho (mais conhecido pelo carinhoso apelido de Ciccillo), que financiou do próprio bolso a compra das obras para a coleção do museu e fomentou seu crescimento com o "Prêmio Aquisição", promovido pelas futuras Bienais de São Paulo. Inicialmente localizado numa sala do edifício dos Diários Associados, o MAM foi inaugurado em 8 de março de 1949, com a célebre exposição "Do Figurativismo ao Abstracionismo", que reuniu 51 artistas, entre os quais 3 brasileiros: Cícero Dias, Waldemar Cordeiro e Samson Flexor (este último nascido na Romênia).

Entusiasmado, Ciccillo Matarazzo deu prosseguimento à sua cruzada cultural e, mesmo enfrentando a resistência de amigos e colaboradores, que achavam prematura uma empreitada dessa natureza, propôs a realização de uma grande mostra internacional, inspirada na "Bienal de Veneza". Surgia a primeira "Bienal de São Paulo", de artes plásticas.

Vista aérea do Museu de Arte de São Paulo, no coração da Avenida Paulista. Inaugurada a 7 de novembro de 1968, contou com a presença da rainha Elizabeth II, da Inglaterra

Eduardo Knapp/Folha Imagem

Coube à Prefeitura de São Paulo ceder o espaço para a sede da I Bienal: a esplanada do Trianon, hoje ocupada pelo MASP, onde havia um antigo salão de baile. Sobre a estrutura do salão, os arquitetos Luís Saia e Eduardo Kneese de Melo projetaram um polígono de madeira que, construído, garantiu uma área de exposição de 5.000m². Inaugurada no dia 20 de outubro de 1951, a Bienal recebeu 1.854 obras de

23 países, e contou com a presença de artistas como Picasso, Di Cavalcanti, Portinari, Brecheret, Segal, Morandi, Chastel e Giacometti. Daquela data em diante, a Bienal entraria para o calendário cultural da cidade.

Apesar de toda a improvisação, o êxito do evento mostrou a capacidade realizadora de Ciccillo Matarazzo, cujo nome, a partir de então, estaria definitivamente ligado à organização de grandes acontecimentos culturais e à criação de importantes instituições paulistanas. A lista é grande: Teatro Brasileiro de Comédia, Cinematográfica Vera Cruz, Cinemateca Brasileira, Museu de Arte e Arqueologia da Universidade de São Paulo, Museu de Arte Contemporânea da USP, Bienal do Livro, Bienais de Arquitetura e Presépio Napolitano.

A fortuna de Ciccillo Matarazzo está ligada aos esforços empreendedores de seu tio, o conde Francisco Matarazzo, imigrante italiano que se instalou como negociante de gordura de porco na região de Sorocaba, ainda no século XIX.

No início do século XX, a família já havia acumulado um capital considerável, reinvestido em atividades industriais e comerciais. Em 1935, Ciccillo passou a ser o único proprietário da Metalma – Metalúrgica Matarazzo, que tinha sido desmembrada do restante do império familiar. De grande industrial para mecenas da cultura foi apenas um passo – resultado do relacionamento do empresário com intelectuais de projeção e com representantes das elites paulistas.

Não foi surpresa, portanto, a indicação de Ciccillo para presidir a Comissão organizadora dos festejos que celebrariam o IV Centenário da Cidade de São Paulo. Nesse contexto nasceu um dos locais mais procurados pelo paulistano: o Parque Ibirapuera, localizado em uma área que, na época, não passava de uma várzea distante, sem infra-estrutura urbana.

O conjunto arquitetônico do Parque Ibirapuera – concebido como centro de cultura e lazer – foi construído entre 1952 e 1954, para abrigar a exposição comemorativa do IV Centenário. Projetados pelo arquiteto Oscar Niemeyer, o parque e seus edifícios foram construídos em tempo recorde. Dos sete prédios propostos, foram construídos o Palácio das Indústrias, o Palácio dos Estados e o Palácio das Nações, os três ligados por uma longa marquise. O Palácio da Agricultura (atual Detran) e o Ginásio de Esportes, este último projetado por Ícaro de Castro Melo, também estavam interligados ao espaço do parque. O projeto paisagístico original, de Roberto Burle Marx, não foi executado; assim a paisagem do parque ficou a cargo do engenheiro Otávio Augusto Teixeira Mendes, da equipe de Niemeyer.

Vista aérea do Parque Ibirapuera. Inaugurado em agosto de 1954, o local sediou o maior evento daquela década: a exposição do IV Centenário de São Paulo.

Por terem sido os primeiros edifícios concluídos, o Palácio das Nações e o Palácio dos Estados abrigaram a II Bienal Internacional de Artes de São Paulo, que se estendeu até fevereiro de 1954. Vários arquitetos estrangeiros visitaram a cidade e a arquitetura nacional ficou em evidência.

As instalações do Parque Ibirapuera foram inauguradas em agosto de 1954, com a exposição do IV Centenário, que constituiu o maior evento da década. O paulistano tinha motivo para se orgulhar dos 400 anos da cidade.

Já nessa época, São Paulo era considerada um das maiores cidades do mundo, e a principal metrópole industrial latino-americana, com quase três milhões de habitantes. A verticalização intensa da área central e a velocidade do desenvolvimento urbano de São Paulo levaram os paulistanos a afirmar que viviam na "Cidade que mais cresce no mundo".

Foi nesse contexto de euforia desenvolvimentista e sob o *slogan* "São Paulo não pode parar" (usado até hoje) que aconteceram os festejos do IV Centenário, que duraram três dias: começaram numa sexta-feira e terminaram num domingo.

Além do IV Centenário, ainda se comemorava o 22º aniversário do início da Revolução Constitucionalista de 1932 e o IV Congresso Eucarístico Nacional. A festa teve início em frente à Catedral da Sé, que fora concluída para comemorar a data (a obra, iniciada no começo do século, permanecera inacabada por três décadas). O repicar dos sinos da catedral abriu as comemorações, que culminaram com carros buzinando pelas ruas, bailes e festas em recintos fechados, desfiles de bandas e missa campal na Praça da Sé. Um momento especialmente marcante teve como palco o Pátio do Colégio, onde, em 1554, os jesuítas haviam fundado seu educandário.

O corneteiro da Revolução de 1932, Elias dos Santos – um dos muitos heróis daquele movimento, que participaram da festa, com suas fardas e armas a tiracolo – tocou a alvorada. Ao som do clarim, os presentes dobraram os joelhos, independente de classe ou posição social, já que entre eles havia militares, políticos, autoridades em geral e populares. Ainda no entardecer daquela sexta-feira de inverno, ocorreu a "Chuva de Prata", gravada para sempre na memória de quem viveu para contar.

A "Chuva de Prata" foi produzida pelas Indústrias Pignatari, com a colaboração da AESP (Associação das Emissoras de São Paulo) e da 4ª Zona Aérea da FAB (Força Aérea Brasileira), e ela consistiu no lançamento, pelos aviões da FAB, de milhões de triângulos prateados que, enquanto caíam, eram iluminados por holofotes.

O Edifício Copan, no centro de São Paulo, ainda hoje abriga uma das maiores concentrações de moradores de todos os cantos do Brasil (quem sabe do mundo!).

Jorge Araújo/Folha Imagem

Catedral da Sé: no ano de 1954, o repicar dos sinos dessa imponente catedral abria as comemorações dos 400 anos da cidade de São Paulo.

Às 21h do sábado, dia 10, a Associação das Emissoras de São Paulo promoveu no Parque D. Pedro II um show com profissionais das diversas emissoras de rádio da capital. A Rádio Bandeirantes participou com seus principais artistas: Dárcio Ferreira, Ângela Maria, Titulares do Ritmo, William Forneau e João Dias, entre outros. Foi ainda nessa época que Hebe Camargo gravou, com o acordeonista Mário Zan, dois discos em comemoração à data: *São Paulo Quatrocentão* e *Paulicéia e Festa*.

No ano de 1954, paulistanos de São Paulo – e de outros cantos do Brasil e do mundo – reuniram-se nas proximidades do Teatro Municipal, para comemorar o IV Centenário da cidade de São Paulo.

A chegada de Juscelino Kubitschek (1956-1961) à presidência da República, com seu programa de governo escorado no *slogan* "Cinqüenta Anos de Progresso em Cinco de Governo", significou para São Paulo a implantação definitiva da indústria automobilística, para a qual foi vital a concretização do GEIA (Grupo Executivo da Indústria Automobilística). Em setembro de 1956, foi inaugurada, em São Bernardo do Campo, no ABC paulista, a primeira fábrica de caminhões com motor nacional da Mercedes-Benz. O chamado ABC Paulista, que compreende ainda os municípios de Santo André e São Caetano, se tornaria sede de um parque industrial com base automotiva. Mais de 90% das indústrias de autopeças do país foram instaladas na Grande São Paulo. A revolução automobilística da década de 1950 trouxe para a capital do Estado tecnologias avançadas, empregos, desenvolvimento industrial e uma nova relação capital-trabalho, com o crescimento e fortalecimento dos sindicatos de classe. A soma desses fatores foi decisiva para o crescimento econômico paulista e para a chegada de migrantes procedentes do interior e de outros Estados, principalmente do nordeste.

Era inegável que a transformação de São Paulo em capital econômica do país inflamasse o sentimento de rivalidade que colocava paulistas e cariocas em campos opostos, pois o Rio de Janeiro ainda era a capital do Brasil (perderia esse *status* em 1960, quando a capital foi transferida para Brasília).

O bom-humor do paulistano, naquele tempo, iria se refletir nas urnas. No final da década de 1950, o rinoceronte "Cacareco" recebeu cerca de 90 mil votos para vereador de São Paulo (o partido mais votado mal chegou aos 95 mil), tornando-se uma das figuras mais conhecidas do folclore político brasileiro. O animal viera do Rio de Janeiro para a inauguração do Zoológico de São Paulo, ocorrida em dia 28 de setembro de 1958. Apaixonada por ele, a população paulistana transformou-o em celebridade. Enquanto os cariocas reclamavam a volta do rinoceronte, os paulistanos insistiam em ficar com ele. No ano seguinte, em plena campanha eleitoral, a imprensa dava espaço à disputa pelo domicílio de Cacareco. O ápice dessa polêmica acabou sendo a eleição do rinoceronte para a Câmara Municipal.

O prefeito do IV Centerário foi Jânio Quadros. De 1945 a 1951, São Paulo teve seis prefeitos nomeados pelo poder estadual, sendo cinco deles pelo governador Adhemar de Barros. Em 31 de janeiro de 1951, o professor Lucas Nogueira Garcez assumiu o governo do Estado, indicando para a prefeitura de São Paulo, o engenheiro Armando de Arruda Pereira, ex-presidente do Centro das Indústrias e também do Rotary International. Sua gestão como prefeito, todavia, foi curta. O ato mais marcante de sua administração foi a liberação da construção de prédios na Avenida Paulista, o que levaria à verticalização que conhecemos hoje.

Os torcedores são-paulinos, no entanto, recordam-se de Arruda Pereira de forma especial: foi em sua administração que o São Paulo Futebol Clube ganhou o terreno no qual seria construído o Estádio do Morumbi. Na época, o Morumbi era um bairro praticamente desabitado e ninguém acreditava que a idéia vingasse. O terreno foi doado ao clube pela Companhia Imobiliária Aricanduva, cujo diretor era João Jorge Saad. A cerimônia foi presidida pelo prefeito e contou com a presença de autoridades da época.

Inauguração do Estádio Cícero Pompeu de Toledo. Construído em terreno doado por João Jorge Saad, o Estádio do Morumbi contou com a presença maciça do público e de várias autoridades da época.

história, imagens e sons

Folha Imagem

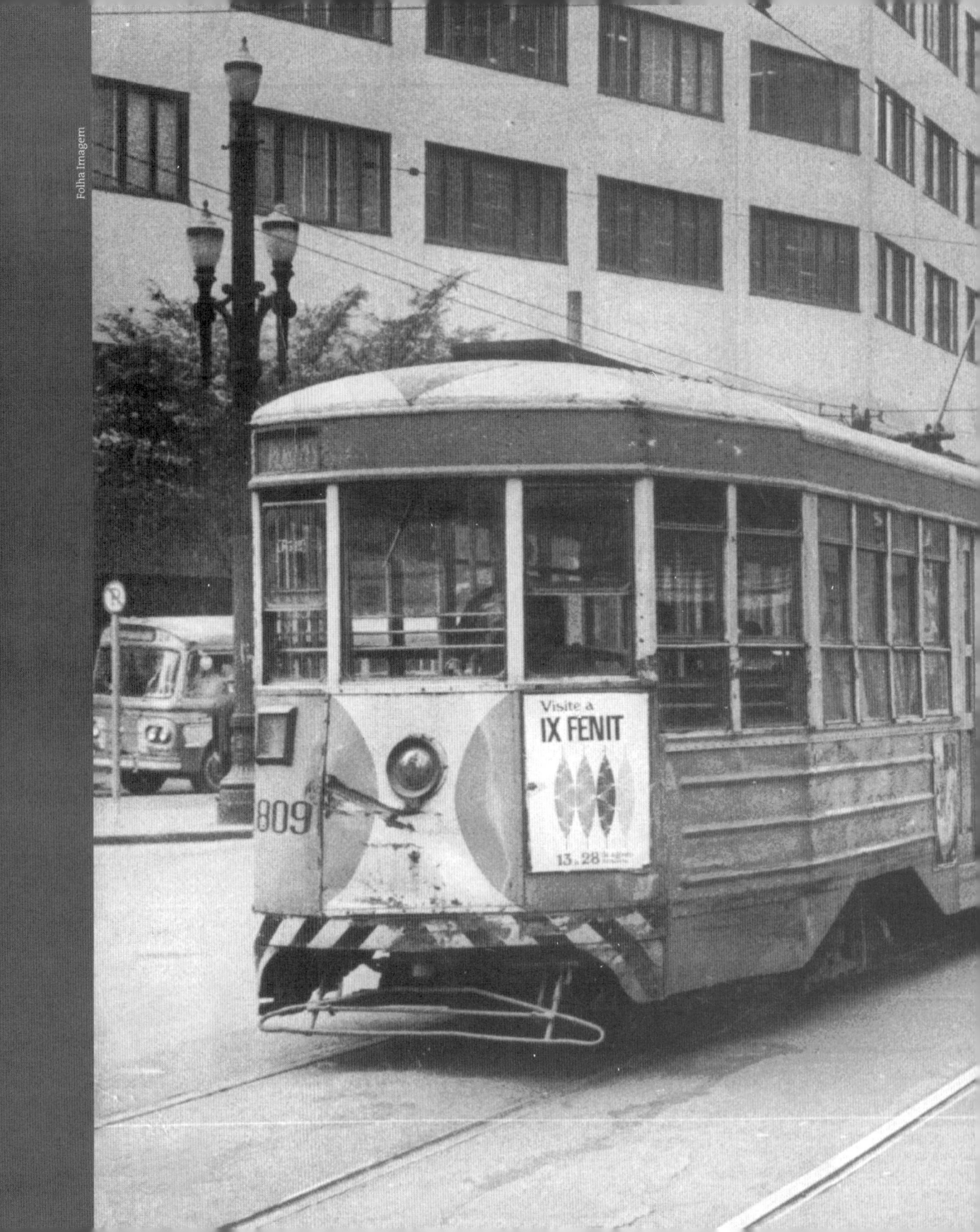

Bonde circulando na Avenida São João. Durante a década de 1960 os bondes foram substituídos por trólebus e ônibus movidos a diesel.

O sucessor de Armando Arruda Pereira teve uma escalada política fulminante – e em menos de seis anos Jânio Quadros ascendeu de suplente de vereador a prefeito da maior cidade da América Latina. Em 1947, Jânio, então nas fileiras do Partido Democrata Cristão, assumira o mandato na Câmara Municipal devido à cassação dos candidatos do Partido Comunista, que fora colocado na ilegalidade. Ainda pelo PDC, elegera-se deputado no ano seguinte. Mas foi na disputa pela prefeitura paulistana que Jânio demonstrou seu poder de fogo e contrariou todas as expectativas. Amparado no *slogan* "Tostão Contra o Milhão" (tem ou não tem razão o homem da rua quando diz que quem rouba um tostão é ladrão, e quem rouba um milhão é barão?), Jânio Quadros tornou-se prefeito de São Paulo com o apoio de dois pequenos partidos – o PDC e o Partido Socialista Brasileiro – derrotando um poderoso leque de adversários, que incluía UDN, PSD, PTB, PR, ademaristas e comunistas.

Jânio Quadros já não era o prefeito de São Paulo quando a cidade chegou à década de 1960. Nesse período iniciou-se um processo de perda da qualidade ambiental e dos padrões urbanos, até então razoavelmente mantidos. A corrida imobiliária para o "centro novo", do outro lado do Vale do Anhangabaú, relegou o "centro velho" a uma lenta deterioração. Esse processo continuou com o surgimento de novos pólos urbanos, como a Avenida Paulista e a Avenida Faria Lima.

Bonde circulando na Rua Santo Antonio, em 1956.

Por outro lado, a instalação do pólo industrial automobilístico, na região do ABC, expandiu o uso do automóvel na cidade. Foi, aliás, a presença do carro, refletida na caotização do trânsito, que marcou o período desenvolvimentista dos anos 1960. Em 1967, contando com sete milhões de habitantes, São Paulo já tinha cerca de 493 mil automóveis.

Se por um lado a década de 1960 representou o fim dos bondes, cuja capacidade de ampliação não conseguiu acompanhar o crescimento da cidade – e eles foram extintos em 1968 – por outro presenciou o surgimento do metrô.

O sistema de bondes começara a ser substituído pelo dos trólebus e ônibus movidos a diesel em abril de 1949. A primeira artéria a perder seus bondes foi a Rua Augusta, seguida por ruas do Jardim Europa. A interrupção dos serviços ocorreu de forma gradual. Entre julho e agosto de 1966, as principais linhas de bonde da cidade foram desativadas: Penha, Belém, Pinheiros, Perdizes, Angélica e São Judas. Já as linhas Ipiranga, Fábrica, Casa Verde e Alto da Vila Maria deixaram de existir em janeiro de 1967. A última a ser desativada, em 27 de março de 1968, foi a linha Biológico-Santo Amaro (antiga Praça da Sé-Santo Amaro), naquela que se tornou conhecida como a "Viagem do Adeus", da qual participou o prefeito José Vicente de Faria Lima.

Com o fim da era dos bondes, a metrópole cedia terreno para carros e ônibus. Muitos paulistanos, ainda hoje, se lembram com carinho dos bondes e lamentam o fim de um transporte considerado barato e não-poluidor. Seja como for, dos velhos bondes paulistanos só restaram poucos exemplares em museus.

Em agosto de 1966, dois anos antes do fim dos bondes na cidade, fora criado o GEM (Grupo Executivo do Metrô) pelo prefeito Faria Lima, que procurava concretizar um antigo sonho de Prestes Maia.

Coube ao GEM viabilizar a elaboração do plano básico da rede estrutural do metrô, estabelecer as prioridades e criar, em 14 de abril de 1968, a Companhia do Metropolitano de São Paulo.

A vez dos migrantes

Outra característica da década de 1960 foi o aumento significativo do fluxo migratório para São Paulo. A cidade atraía migrantes como ímã. Eles vinham sobretudo do Nordeste – em grande parte devido às secas que atingiram aquela região nos anos 1950 –, e de Minas Gerais, e se espalharam por todo o Estado. No entanto, a região metropolitana constituía a mais importante área de atração: as migrações contribuíram com 56,6% do crescimento da população paulistana no período 1960-1970.

Nesse período chegavam à cidade cerca de 120 mil migrantes por ano. Esse afluxo alterou a fisionomia de certos bairros (o Brás, por exemplo, era um antigo reduto de italianos, mas estes cederam lugar aos migrantes, nordestinos), e as feições dos paulistanos.

A pluralidade étnica é, aliás, uma característica bem paulistana, presente em tradições, costumes, religião, manifestações culturais e até na gastronomia.

Em meados da década de 1960, sob o peso dos setores mais conservadores da sociedade, o país adernou para a direita. O governo João Goulart, não resistindo à pressão das parcelas que temiam o comunismo, sucumbiu ao poder dos militares.

Um episódio que, de certo modo, foi vital para deflagrar a queda do regime civil se deu em São Paulo, a 19 de março de 1964, e ficou conhecido como a "Marcha

Nos séculos XIX e XX, a Estação da Luz assistiu o vaivém de migrantes e imigrantes, e no século XXI foi transformada em centro cultural.

da Família com Deus pela Liberdade". Foi a maior mobilização contra o governo federal que, uma semana antes, em 13 de março de 1964, anunciara seu programa de reformas de base.

Organizado com a finalidade de sensibilizar a opinião pública contra aquelas medidas, o movimento consistiu em uma série de manifestações organizadas por setores do clero e por entidades femininas (Campanha da Mulher pela Democracia, União Cívica Feminina, Fraterna Amizade Urbana e Rural), com o apoio das classes produtoras do Estado e de outros grupos de direita. A manifestação reuniu cerca de 400 mil pessoas (500 mil, segundo algumas fontes), e forneceu o apoio da sociedade civil para a derrubada do regime.

Instaurada a ditadura militar, o que se seguiu foi uma série de medidas repressivas, que buscavam, sobretudo, cercear a liberdade de expressão. Dois episódios ocorridos em São Paulo, em 1968, são reveladores do clima da época: a "batalha" da

Rua Maria Antonia e o espancamento do elenco da peça *Roda Viva* por membros do CCC (o famigerado Comando de Caça aos Comunistas).

O primeiro episódio envolveu a Faculdade de Filosofia, Ciências e Letras da USP, maior centro estudantil de esquerda da época. Invadida logo após o sucesso do golpe de 1964, a escola sofria constantes ameaças de alunos da Universidade Mackenzie. As duas instituições estavam localizadas na Rua Maria Antonia, uma em frente à outra.

Em 2 de outubro de 1968, os alunos da Faculdade de Filosofia faziam um "pedágio" com o objetivo de arrecadar fundos para o Congresso da UNE (União Nacional dos Estudantes), quando alunos do Mackenzie integrantes do CCC os atacaram com ovos, paus, pedras, coquetéis molotov, gás lacrimogênio e até mesmo algumas armas de fogo. A Rua Maria Antonia transformou-se em um campo de batalha. Um estudante secundarista morreu em conseqüência dessa violência.

Em julho de 1968, a cidade já testemunhara a radicalização da ditadura militar, no episódio que culminou no espancamento do elenco da peça *Roda Viva*, de Chico Buarque de Holanda, no galpão do Teatro Ruth Escobar. A representação terminara e os atores estavam nos camarins quando ouviram gritos que vinham da platéia. Membros do CCC invadiram o teatro e começaram a depredar instalações e cenários. As atrizes Marília Pêra, Margot Baird e Walkiria Mamberti foram agredidas dentro dos camarins.

O conturbado ano de 1968 não impediu, porém, o avanço em outras áreas do saber humano. No dia 26 de maio, a medicina brasileira ingressava no Primeiro Mundo da ciência contemporânea com a realização, no Hospital das Clínicas, do primeiro transplante de coração realizado no país.

A façanha coube ao Dr. Euclydes de Jesus Zerbini, então com 56 anos, e uma equipe composta por 71 pessoas. Inédita na América do Sul, a 17ª operação do gênero realizada em todo o mundo teve como paciente o mato-grossense João Ferreira da Cunha, o "João Boiadeiro", que recebeu o coração do alagoano Luis Ferreira de Barros, atropelado um dia antes.

É claro que essa técnica de transplante só foi aperfeiçoada ao longo do tempo, mas não se pode negar a importante contribuição do Dr. Zerbini para o desenvolvimento de um procedimento que salvou inúmeras vidas a partir daquele feito.

Ao Dr. Zerbini devemos também a criação, em 1975, do InCor (Instituto do Coração), inaugurado pelo governador Laudo Natel. Um dos mais modernos centros cirúrgicos do mundo, esse complexo de onze andares, reservado exclusivamente para as doenças do coração, ganharia maior eficiência com a criação da Fundação Zerbini, que a passaria a zelar pelo InCor.

São Paulo precisa parar

Prefeito entre os anos de 1971 e 1973, José Carlos de Figueiredo Ferraz disse uma frase que se tornou emblemática: "São Paulo precisa parar". Mal interpretado na época (acabou exonerado pelo governador Laudo Natel), Figueiredo Ferraz falava com conhecimento de causa, pois sabia que o poder municipal não poderia acompanhar o crescimento urbano com os serviços básicos necessários desordenados.

Nos anos 1970, o crescimento da metrópole sofreu a primeira tentativa de ser controlado por intermédio do PMDI (Plano Metropolitano de Desenvolvimento Integrado), ao qual se sucederiam outras ações. A inauguração, em 1974, do primeiro trecho da linha Norte-Sul do metrô foi uma delas. O principal objetivo desses projetos era a integração do sistema de transporte coletivo da capital.

Em 1973, por lei federal, foi criada a Região Metropolitana de São Paulo. Formada por 37 municípios (mais tarde 39 devido ao desmembramento de dois deles). A população da região, de 8,1 milhões habitantes em 1970, atingiria 12,6 milhões em 1980; desse total, quase três milhões eram migrantes.

O inchaço populacional representou, para a paisagem da capital paulista, a incorporação das favelas – uma característica das metrópoles subdesenvolvidas. Acentuava-se o desequilíbrio entre as áreas mais próximas do centro, bem organizadas urbanisticamente –, e a ocupação caótica da periferia – com sua enorme população de baixa renda, formada, sobretudo, por migrantes pobres.

O crescimento da área urbana de São Paulo foi impressionante: de 130 km² em 1930, passou para 420 km² em 1950, e 900 km² em 1980 e, apesar da forte queda na taxa de crescimento da população (de 4,5% para 1,8% ao ano), o espaço urbanizado continuou em expansão, chegando a 1.520 km² em 1987. Em 1997, atingiu 1.771 km².

Paralela a essa expansão espacial, teve início o declínio da indústria paulistana. Muitas empresas deram adeus ao município, transferindo-se para outras cidades da região metropolitana (ABCD, Osasco e Guarulhos) e do interior do Estado (Campinas, São José dos Campos e Sorocaba).

Esse processo alterou o perfil econômico da capital, fazendo com que as principais atividades econômicas da cidade passassem para o setor de serviços e para os centros empresariais de comércio (shopping centers, hipermercados, etc).

O Monumento às Bandeiras, de Victor Brecheret, é uma homenagem aos bravos bandeirantes, à brava gente paulistana.

Gil Passarelli/Folha Imagem

Praça da Sé: vista aérea do primeiro comício pelas eleições diretas para presidente da República, que reuniu 300 mil pessoas, em 25 de janeiro de 1984.

O crescimento desordenado tem pouco a ver, porém, com as tragédias que abalaram a vida da cidade ao longo de sua história. Por ter o maior número de edificações do Brasil, São Paulo é recordista em incêndios, alguns deles de triste memória.

O primeiro grande incêndio foi o do Teatro São José, no final do século XIX. Em abril de 1938, o Cine Oberdan, localizado na Avenida Rangel Pestana, no Brás, foi palco de outra tragédia. Durante uma matinê do filme *Criminosos do Ar*, com a platéia lotada, alguém gritou: "Fogo!". O pânico se seguiu, muitas pessoas foram pisoteadas, restando uma triste estatística: trinta crianças e um adulto mortos. Esse episódio ficaria gravado durante muito tempo na memória dos paulistanos.

Em outra grande tragédia, nesse mesmo ano, apesar dos esforços dos homens do Corpo de Bombeiros, cerca de cinqüenta pessoas morreram no incêndio do Clube 28, um salão de baile localizado à Rua Florêncio de Abreu, bastante freqüentado na década de 1940.

A rádio esteve presente nessa ocasião e também em fevereiro de 1972, durante o incêndio do Edifício Andraus – conhecido também como "Prédio da Pirani", por ser ocupado em boa parte pela loja de departamentos denominada Casas Pirani. Esse incêndio deixou um saldo oficial de dezesseis mortos e mais de trezentos feridos. O acidente teria sido causado por um foco de fogo nos cartazes publicitários da loja. As chamas se propagaram rapidamente e logo tomaram conta de todo edifício, enquanto o povo se aglomerava na Avenida São João, torcendo para que os helicópteros salvassem o maior número possível de pessoas. O pior, entretanto, ainda estava por vir.

A maior tragédia da história de São Paulo foi o incêndio do Edifício Joelma, ocorrido também no mês de fevereiro, dois anos depois do cocorrido no Andraus. Quem viu jamais esquecerá: pessoas atirando-se do alto do prédio, na tentativa de escapar das chamas. Atribuído a um curto-circuito no sistema de ar-condicionado, o incêndio causou 188 mortes e deixou 345 feridos. Faltava um mês para a instalação de uma escada de incêndio nesse edifício, que não possuía saídas de emergência, o que contribuiu para o elevado número de vítimas, mesmo com o heróico trabalho dos bombeiros e das equipes de salvamento.

A tragédia do Joelma, tantos anos depois, ainda impressiona pelo número de vidas perdidas, permanecendo como uma ferida na memória da metrópole.

Uma lembrança bem diferente é a da campanha pela anistia aos presos políticos, no final da década de 1970. O início desse movimento nacional e unificado contra a ditadura militar teve como palco a Praça da Sé, tradicional centro paulista de manifestações políticas, escolhida como marco zero da cidade em 1934.

Em 1964, a Praça da Sé fora um dos cenários da Marcha da Família com Deus pela Liberdade, que precipitou a eclosão da ditadura militar. Em 1970, porém, os manifestantes traçavam o caminho inverso e reivindicavam a restituição da cidadania plena aos presos políticos, aos banidos e cassados pelos militares. Esse movimento deu frutos, resultando na aprovação, em 28 de agosto de 1979, da Lei da Anistia que recebeu o número 6.683.

A História seguiu seu curso, e a mesma Praça da Sé assistiu, em 1984, ao primeiro grande comício da campanha por eleições diretas para a presidência da República. A partir de fevereiro, os comícios pelas "Diretas Já" ganharam as principais capitais do país, e no dia 16 de abril, pouco antes da rejeição, pelo Congresso, da emenda das eleições diretas em 25 de abril de 1984, realizou-se um último comício em São Paulo. Não na Praça da Sé, demasiado pequena para a ocasião, mas em outro local tradicionalmente utilizado para comícios e manifestações políticas: o Vale do Anhangabaú, que recebeu 1,7 milhão de pessoas, simplesmente a maior manifestação política vista no país.

Menos de uma década depois, em 1992, cerca de 120 mil pessoas voltaram a ocupar o mesmo espaço, comemorando o impeachment do então presidente Fernando Collor de Mello.

Apesar da frase do prefeito Figueiredo Ferraz, São Paulo não parou. Ao contrário, agigantou-se ainda mais, muitas vezes por conta de obras faraônicas que, segundo especialistas, jamais deveriam ter saído do papel.

Há quem aponte o Elevado Presidente Artur da Costa e Silva (o Minhocão) como uma dessas obras. Ao ser inaugurado, no início da década de 1970, o Minhocão prometia solucionar um dos graves problemas da cidade: os congestionamentos de trânsito. A idéia era melhorar o fluxo do trânsito da região central da cidade, o que, na prática, não aconteceu por uma simples razão: faltaram investimentos no transporte coletivo. O aumento da frota de veículos, ao longo do tempo, fez o resto. Ao lado disso, o Minhocão provocou desvalorização nos bairros onde foi construído.

Outros projetos, entretanto, tiveram mais aprovação de toda a população, como a construção do Aeroporto Internacional de São Paulo, em Cumbica, no município de Guarulhos, região da Grande São Paulo. Há quem o considere o maior e mais moderno espaço do gênero em toda a América do Sul. Inicialmente, houve divergências para a escolha do local, chegando-se mesmo a cogitar uma área em Caucaia do Alto – uma das últimas reservas de mananciais da Grande São Paulo, localizada no município de Cotia. Ao fim de muitas discussões, optou-se mesmo por Cumbica, cuja geografia foi considerada privilegiada e onde, desde 1945, existia uma importante base da Aeronáutica.

No final dos anos 1970, São Paulo ainda dependia de conexões com o Galeão, no Rio de Janeiro, ou Viracopos, em Campinas, para viagens internacionais. As obras de construção do Aeroporto de Cumbica começaram em abril de 1979, e a inauguração ocorreu em 20 de janeiro de 1985. Às 9h05, um Boeing 747 da Varig, procedente de Nova York e que fizera escala no Rio de Janeiro, inaugurou a pista. Logo depois, um Airbus-300, vindo de Congonhas, aterrissava no aeroporto, trazendo autoridades para a festa de inauguração. São Paulo, finalmente, ganhava um aeroporto à altura de sua importância.

Apesar de todos os seus contrastes, a capital nunca deixou de atrair migrantes e imigrantes. Na década de 1980, foi a vez dos sul-coreanos chegarem em grande número, passando a conviver com japoneses e chineses no bairro oriental da Liberdade e com judeus do Bom Retiro.

Ao mesmo tempo, foi a vez de uma migrante nordestina fazer história como a primeira mulher a se tornar prefeita da cidade no ano de 1988.

A história de Luiza Erundina, eleita com 1.534.547 votos, poderia ser confundida com a de qualquer outro migrante que veio para cá em busca de uma vida melhor. No caso dela, a diferença é que venceu, ao contrário da maioria de seus conterrâneos, expulsos pela pobreza e pela seca nordestina, e que não tiveram a mesma sorte, embora, com seu trabalho, tenham contribuído para a cidade se transformar no que é hoje.

A trajetória de Erundina bem poderia compor a letra de um samba composto por um artista cuja obra sempre esteve ligada às coisas da cidade, sobretudo nos anos 1950-60. Para muitos leitores, o nome de João Rubinato, nascido em Valinhos, em 6 de agosto de 1910, talvez nada signifique, já que ele é conhecido por seu pseudônimo: Adoniran Barbosa. É isso mesmo, estamos falando do autor das canções: *Saudosa Maloca*, *Iracema*, *História Paulista*, *Samba do Arnesto*, e sua obra-prima

Trem das Onze, primeira composição paulistana a agitar um carnaval carioca. *Trem das Onze* recebeu o primeiro prêmio do Carnaval no IV centenário da Fundação do Rio de Janeiro, em 1965; não é pouco, em se tratando de um compositor paulista que o poeta Vinícius de Morais definiu como "o túmulo do samba".

Sempre ostentando um chapéu de aba curta, cachecol e gravata-borboleta, Adoniran Barbosa deu voz aos excluídos sociais, muitas vezes compondo em uma linguagem que reconstituía a mistura de diferentes sotaques dos migrantes de São Paulo. Ele foi um dos poucos artistas capazes de retratar sua gente, a realidade urbana dos anos 1950 e 1960, o cotidiano paulistano da época, suas personagens anônimas e o progresso, que demolia casarões e cortiços para edificar arranha-céus.

Segundo Francisco Rocha, autor de *Adoniran Barbosa – O Poeta da Cidade*: "Sua música possibilita uma recriação do que era a São Paulo do meio do século passado". Em outras palavras, os sambas de Adoniran valem mais do que muitos tratados acadêmicos, tanto que o maestro e arranjador paulista Júlio Medaglia, referindo-se ao compositor, comparou-o certa vez ao escritor russo Dostoievsky, que dizia: "A melhor maneira de ser universal é narrar bem a sua aldeia".

Para Medaglia, ninguém narrou melhor a aldeia paulistana que Adoriran. Quando ele morreu, em novembro de 1982, São Paulo já não era a mesma cidade que cantara em seus sambas. A "São Paulo da Garoa" deixou de existir, e foi substituída por uma metrópole mais competitiva e menos tolerante para com seus habitantes.

Uma vista da Avenida São João, imortalizada em composições de Adoniran Barbosa, Paulo Vanzolini e Caetano Veloso.

Acervo Última Hora

história, imagens e sons

Transmudada pela face do progresso, cimentada em concreto e aço, tornou-se mais desumana. Nela, já não há espaço para as tragédias suburbanas cantadas por Adoniran, ela tampouco lembra a cidade que inspirou outro compositor paulista a criar mais um clássico de nosso cancioneiro popular: o samba-canção *Ronda*. De autoria de Paulo Vanzolini, a letra de *Ronda* conta um pequeno drama sobre encontros e desencontros da cidade grande, cita a Avenida São João, (um marco de São Paulo na década de 1950, quando a canção foi composta).

Um dos locais mais identificados com a cidade, a Avenida São João também foi o cenário escolhido por Caetano Veloso para *Sampa*, e por Adoniran, para *Iracema*, que teria sido inspirada em um atropelamento ali ocorrido. Não é por acaso que, quando se fala de samba made in Sampa, imediatamente vêm à mente os nomes de Adoniran Barbosa e Paulo Vanzolini. A essa dupla poderíamos acrescentar o cantor e compositor Germano Matias. Nascido na Barra Funda, ele, ainda menino, participava das rodas de samba dos engraxates da Praça da Sé, Praça João Mendes e Praça Clóvis Bevilacqua. Fiel às origens, Germano criou um estilo próprio ao adotar uma lata de graxa niquelada para marcar o ritmo de sua música.

São Paulo chora e vibra

O povo paulistano chorou e se emocionou em muitas ocasiões, como, por exemplo, quando morreu a cantora Elis Regina. Dotada de uma técnica vocal perfeita, e considerada pelos críticos uma das grandes intérpretes da MPB, Elis Regina tinha apenas 36 anos e estava no auge da carreira quando foi vitimada pela mistura fatal de uísque e cocaína, falecendo em 19 de janeiro de 1982. Embora gaúcha, de Porto Alegre, Elis construiu boa parte de sua carreira na capital paulista, onde residia desde 1974. Ela estreou no Teatro Bandeirantes, em Sampa, com o show *Falso Brilhante*, um sucesso estrondoso durante uma temporada de catorze meses, recebendo uma média de 1,5 mil espectadores por dia. Ao encerrar a temporada, 257 apresentações depois, o show havia sido visto por 280 mil pessoas, que deixaram nas bilheterias um total de oito bilhões de cruzeiros. Àquela altura, Elis já fora adotada pela cidade.

Tudo isso explica a grande comoção causada por sua morte. O corpo da intérprete de *O bêbado e a equilibrista* foi velado, muito apropriadamente, no Teatro Bandeirantes, que ficou repleto durante toda a noite e madrugada. No trajeto para o Cemitério do Morumbi, o corpo, levado em carro do Corpo de Bombeiros, foi acompanhado por milhares de pessoas, e o Departamento de Trânsito de São Paulo teve de criar um esquema especial para o cortejo. A televisão deu cobertura total à cerimônia.

A cidade voltaria a sentir a mesma emoção em outras duas ocasiões. A primeira, em 1985, quando da morte de Tancredo Neves, primeiro presidente civil depois de vinte anos. Internado na véspera de sua posse no Hospital de Base, em Brasília, para tratamento de um processo inflamatório no aparelho intestinal, Tancredo foi transferido posteriormente para o Instituto do Coração, em São Paulo, onde foi submetido a várias cirurgias, numa agonia que emocionou o país, durante os 38 dias de internamento, até o anúncio de sua morte.

Multidões foram às ruas para acompanhar o corpo em sua saída de São Paulo e na passagem por Brasília e Belo Horizonte, até o sepultamento em São João Del Rei, terra natal de Tancredo. O povo, que havia se preparado para uma festa depois de vinte anos de ditadura militar, chorava nas ruas, a exemplo do que ocorrera por ocasião do suicídio de Getúlio Vargas, em 1954.

Mais recentemente, ficou gravada na memória do paulistano a morte do tricampeão mundial de Fórmula I, Airton Senna, no dia 1º de maio de 1994. Na sétima volta do Grande Prêmio de São Marino, no circuito de Imola, na Itália, a Williams conduzida por ele saiu da curva Tamburello chocando-se contra um muro. Esse acidente, transmitido ao vivo pela televisão, traumatizou o país. Senna foi socorrido e hospitalizado, mas não resistiu. Em dez anos de Fórmula I, ele disputou 161 corridas, venceu 41 e conquistou 62 pole positions.

Velado e enterrado em São Paulo, o piloto recebeu honras de chefe de Estado. A exemplo do que acontecera com Elis Regina, cerca de 250 mil pessoas acompanharam o féretro até o Cemitério do Morumbi, onde o caixão foi carregado por Alain Prost, Jack Stewart, Gerhard Berger e mais 11 pilotos, incluindo outro campeão paulista da Fórmula I, Emerson Fittipaldi.

Ayrton Senna, um paulistano vencedor, tricampeão mundial de Fórmula I.

Luiz Novaes/Folha Imagem

Muito antes de Senna, Emerson já brilhava nas pistas, tendo sido o primeiro brasileiro a correr uma temporada completa na Fórmula I. Responsável pela explosão do automobilismo no país, o "Rato", como ficou conhecido, sagrou-se campeão mundial em 1972 e 1974. A ele deve-se a criação da primeira equipe brasileira da categoria, pela qual correu até 1980. Alguns anos depois, já nos Estados Unidos, venceria a Indycar (1989) e, por duas vezes, em 1989 e 1993, as 500 Milhas de Indianapolis.

Graças a Senna, Fittipaldi, Nelson Piquet (primeiro brasileiro tricampeão de Fórmula I em 1981, 1983 e 1987), e José Carlos Pace, todos os brasileiros – e os paulistanos em particular – aprenderam a amar o automobilismo, ligando a televisão, nas manhãs de domingo para acompanhar as provas.

É inegável, entretanto, que a grande paixão de todos continua sendo o futebol. As torcidas da capital e de todo o Estado gravitam sobretudo em torno de Corinthians, São Paulo e Palmeiras, os clubes com maior número de simpatizantes. Essa paixão do paulistano, aliás, fez com que ele elegesse a Avenida Paulista para celebrar títulos conquistados pelo time de seu coração.

Em 1977, a torcida corintiana invadiu a Paulista para comemorar o título de campeão paulista após uma longa espera de 22 anos. A conquista do último título do alvinegro do Parque São Jorge aconteceu em 1954, no ano do IV Centenário da cidade, justamente em cima do eterno rival, o Palmeiras (empate de 1 a 1, no dia 6 de fevereiro de 1955). Na decisão de 1977, num dia 13 de outubro, com o Estádio do Morumbi fervilhando de corintianos (mais de 85 mil pagantes), o herói foi o meia Basílio, autor do gol que, aos 36 minutos da etapa final, garantia o título paulista ao Corinthians contra a Ponte Preta de Campinas.

Na explosão de alegria que se seguiu, a Paulista, a partir daí, passaria a receber os torcedores em dias de comemoração de títulos.

Na memória de quem gosta de futebol, as emoções se sucedem numa seqüência de pura magia. Seja no Pacaembu ou no Morumbi, no Parque Antartica ou na Vila Belmiro, tivemos, nas décadas de 1950 e 1960, os espetáculos do Santos, com o Rei Pelé comandando uma constelação de súditos em que brilhavam Pepe, Coutinho, Dorval, Zito, Mengalvio e Pagão; do Palmeiras da Academia e de Ademir da Guia, Rinaldo, Dudu, Leão, Luís Pereira e Leivinha; do Corinthians de Rivelino, Luisinho, Cláudio, Sócrates, Baltazar e Casagrande; do São Paulo de Gerson, Pedro Rocha, Poy, Müller, Toninho Guerreiro, Jurandir, Roberto Dias e Serginho Chulapa, craques de ontem, de hoje e de sempre, que encantaram nos gramados e fizeram a festa do torcedor, com gols maravilhosos e jogadas inesquecíveis.

Edson Arantes do Nascimento, o Rei Pelé, quando jogava pelo Santos.

São Paulo de todos nós

Quase nada resta do povoado que Nóbrega e Anchieta fundaram há 450 anos. A cidade entrou no século XXI com os problemas típicos de uma megalópole em tempos de globalização, com uma população de 17,8 milhões de habitantes, segundo dados do Censo de 2000, (isto significa que quase um em cada dez brasileiros reside na capital de São Paulo). Já a Grande São Paulo é um dos três maiores aglomerados urbanos do mundo, ao lado das regiões metropolitanas de Tóquio (29 milhões) e da Cidade do México, (18 milhões). Maior pólo de riqueza nacional, seu Produto Interno Bruto (PIB) atingiu em 2000 algo em torno de US$ 99 bilhões, o que corresponde a 16,7% do total brasileiro.

A Grande São Paulo centraliza o comando do grande capital privado: aqui estão as sedes brasileiras dos mais importantes complexos industriais, comerciais e financeiros, que controlam as atividades econômicas privadas no País. A soma desses fatores concentrou, na região metropolitana, uma série de serviços sofisticados, definidos pela íntima dependência da circulação de informações, como planejamento, publicidade, marketing, seguros, finanças e consultorias, entre outros.

São Paulo é a quarta maior cidade do mundo, a maior da América do Sul e também a que recebe maior número de visitantes. Cosmopolita, reúne gente de todas as partes do planeta. Em sua enraizada vocação para o trabalho, possui a melhor

Torre da Rede Bandeirantes. A Rádio Bandeirantes, comprada por João Jorge Saad, em 1948, cresceu transformando-se em um grupo de comunicação nacional, que cobre todo o território brasileiro.

infra-estrutura e a mão-de-obra mais qualificada. Em São Paulo, enfim, isso é superlativo. Aqui, o verbo crescer é conjugado quase imperceptivelmente pela população, que o incorporou em seu cotidiano.

Um gigantismo como esse, porém, não poderia passar impune. A cidade sofre com o desemprego, a violência, a poluição, e os problemas de trânsito – temas que estão na ordem do dia e que preocupam o povo paulista e, em particular, o paulistano. Nos últimos vinte anos, a frota de veículos do município apresentou crescimento da ordem de 300%. Se em 1977 havia 1,2 milhão veículos cadastrados, em 1977 somavam 4,8 milhões, o que dá uma média de 500 novos veículos entrando em circulação ao dia.

Hoje, a cidade possui quase um veículo para cada dois habitantes, índice idêntico ao de Tóquio e de Nova York. Segundo dados da Cetesb, só na região metropolitana circulam sete milhões de automóveis, além de 419.400 veículos movidos a diesel, como ônibus, vans e caminhões. O número de motocicletas também cresceu, passando de 331 mil, em 1996, para 634 mil, em 2003. Toda essa frota em movimento é responsável por 70% dos poluentes lançados no ar.

O meio ambiente sofre por conta da poluição, que contamina o ar, e da vegetação que vai cedendo terreno para a implacável urbanização: uma região de mata nativa acaba se transformando em um novo loteamento, muitas vezes clandestino. De acordo com levantamentos de órgãos ambientalistas, a cidade perdeu 5.357 hectares de cobertura vegetal na última década do século XX, o que equivale a 34 Parques Ibirapuera.

A degradação ambiental tem impacto direto na saúde da população e na qualidade de vida do paulistano. Um estudo recente tendo por base o GEO Mundial (Perspectivas Globais para o Meio Ambiente) elaborado pela ONU, mostra que na década de 1990 São Paulo registrou um aumento de 30% no número de mortes por doenças respiratórias em crianças de até 5 anos.

O que mais assusta o morador da cidade de São Paulo, entretanto, é a violência. O índice de homicídios cresceu 16,5% de 1996 a 2000. Jovens entre 15 e 24 anos são as maiores vítimas. Segundo levantamento feito no ano 2.000, 69,7% dos jovens que morrem em São Paulo são vítimas da violência conjunta, que inclui homicídios, acidentes de trânsito e suicídios.

Por tudo isso, não chega a surpreender que, nos últimos dez anos, a metrópole tenha deixado de receber migrantes, passando a "exportar" população. Mais de 600 mil paulistanos deixaram a cidade entre 1990 e 2000.

Os desafios a serem enfrentados neste início de século, portanto, são muitos. A cidade já deu mostras, no passado, de que sabe vencer dificuldades, muitas delas causadas pelo mesmo progresso que gera fascínio e repulsa apresentados por São Paulo. A cidade onde tudo acontece e para onde todos convergem – aqui estão as melhores universidades, escolas, hospitais, centros comerciais e de lazer, além dos melhores espaços culturais – não aceita meios-termos. E mesmo aqueles que a detestam não podem deixar de reverenciar a grandeza de seus

Quando surgiu, em 1891, a Avenida Paulista com certeza não apresentava congestionamentos, como o da foto, onde se vê uma Paulista com o trânsito completamente parado devido a uma greve de metroviários, no ano de 2001.

Evelson de Freitas/Folha Imagem

história, imagens e sons

arranha-céus, do movimento de suas ruas e avenidas, do corre-corre diário de seus habitantes, do pulsar incessante de vida, que não deixa ninguém indiferente.

São Paulo é a Avenida Paulista, mas também, a favela de Heliópolis, a esquina da Avenida São João com a Ipiranga – e sua freqüência multifacetada – e a Rua Oscar Freire dos grã-finos, o boteco do "seo" Manoel e o conglomerado industrial do imigrante bem-sucedido, o sushi da Liberdade e a pizza do Bexiga, o aprazível verde dos Jardins e os embalos de sábado à noite da Vila Olímpia, a agitação de Vila Madalena e a tranqüilidade do centro nas tardes de domingo. É o Morumbi e o Jardim Ângela, o Parque do Carmo e a Serra da Cantareira, é Pirituba e as aldeias indígenas de Parelheiros.

São Paulo não pára, o movimento é constante. Há sempre algo para acontecer nessa cidade de múltiplos tentáculos e olhos vigilantes, que tudo esconde e tudo revela, e na qual todos os anseios, aspirações e desejos são possíveis.

Para o interiorano que aqui pisa pela primeira vez, movido por promessas de sucesso profissional e ascensão social, o que atrai e, ao mesmo tempo repele, é o lado profano, pecaminoso da "cidade grande", onde tudo é permitido e nada é censurado. Para o empresário é a terra da oportunidade de fazer negócios e ganhar dinheiro; para o bóia-fria é o Eldorado, onde arranjará emprego e ascenderá socialmente.

Todos os que vêm para São Paulo, enfim, carregam na bagagem a esperança de um sonho a ser concretizado. Muitos conseguem, criam raízes e ficam por aqui; outros, desiludidos, vão embora, maldizendo a cidade que tanto prometeu e nada lhes deu. Às vezes fria, feia e indiferente, outras vezes calorosa, amigável e bonita, esta cidade com múltiplas faces admite várias definições, dependendo da perspectiva. Com ritmo e tempo próprios, São Paulo não se deixa conquistar facilmente.

Conquista, eis a palavra-chave. Cada morador desta cidade talvez guarde um pouco do espírito aventureiro do bandeirante de outrora, que, com infinita coragem, abriu caminho em meio ao desconhecido, à paisagem inóspita, demarcando territórios e enfrentando perigos somente pelo prazer da conquista e da posse.

São Paulo, esta São Paulo que é de todos nós, afinal, é ou não é o maior fruto dessa conquista? Nas comemorações dos 450 anos da fundação de São Paulo, o que todos desejamos é um futuro mais leve, para todos os que a amam e para os aqui vivem.

"E novos milhões de pessoas te podem curtir numa boa!"

Lista de imagens

Fachada do Pátio do Colégio 10
Cabana às margens do riacho do Ipiranga 12
Museu do Ipiranga 16
Palacete do Carmo / Solar da Marquesa de Santos 16
Locomotiva de 1922 17
Hospedaria do Imigrante 20
Estação da Luz 22
Avenida Paulista em 1915 23
Teatro Municipal 26
Edifício Martinelli 28
Prédio do Banespa 29
Mercado Municipal em 1898 32
Soldados constitucionalistas 34
Viaduto Santa Ifigênia 36
Livraria Nobel 38
Estádio do Pacaembu 40
Museu de Arte de São Paulo 44
Parque Ibirapuera 46
Edifício Copan 47
Catedral da Sé 48
Comemoração do IV Centenário da Cidade de São Paulo 49
Estádio do Morumbi 51
Bonde na Avenida São João 52
Bonde na Rua Santo Antonio 54
Estação da Luz 57
Monumento às Bandeiras 61
Comício na Praça da Sé em 1984 62
Avenida São João 67
Ayrton Senna 70
Pelé 72
Torre da Rede Bandeirantes 74
Avenida Paulista em 2001 75

CD São Paulo, a trajetória de uma cidade

Abertura e encerramento: Walker Bláz
Narração: Milton Parron

Centro de documentação – CEDOM da Rádio Bandeirantes
Pesquisa da memória da cidade: Paulo Capuzo
Edição do CD: Cledinei Vergara
Gravação do áudio: Amaury Rodeli
Finalização: João Bissev
Masterização: Beto Nini
Composição de lay out do CD: Z3 publicidade

Agradecimentos

Fiori Gigliotti: narração do gol de Bazílio, em 1977 (vitória do Corinthians sobre a Ponte Preta).
Éder Luiz: narração do acidente que vitimou Ayrton Senna (corrida de Imola, em San Marino, na Itália).
José Carlos Moraes – Tico-Tico: o repórter narra a entrega do terreno doado por João Jorge Saad ao São Paulo Futebol Clube, para construção do Estádio do Morumbi. Ele também narra a primeira exibição de aviões a jato em São Paulo.
Milton Parron: o repórter narra o incêndio do Edifício Joelma.
Flávio Araújo: narração da partida em que Pelé jogou como goleiro.
Geraldo José de Almeida: narração do gol de Leônidas da Silva (Diamante Negro)
Antonio Brito: porta-voz do presidente Tancredo Neves.

Este livro foi impresso em Chamois Fine Dunas 120g,
papel offset com excelente opacidade e tonalidade
diferenciada, que reflete menos luz, permitindo
uma leitura mais agradável.